Dieses Buch gehört:

_____

_____

Zwergenstübchen

Zwergenstübchen

GEBURTSTAGSBUCH

Kaufmann Verlag

Auf Wunsch vieler Leser kam dieses Zwergenstübchenbuch zustande.

Immer wieder wurde die Bitte nach einem Kindergeburtstagsbuch an uns herangetragen.
Mit viel Freude machte sich das Zwergenstübchenteam daran,
die eigenen Ideen aufzuschreiben und für Sie zusammenzustellen.

So ist dieses wunderschöne Zwergenstübchen Kindergeburtstagsbuch
entstanden. Es beinhaltet Geburtstagslieder, Spiele,
Bastelvorschläge, Rezepte und jede Menge Tipps einen Kindergeburtstag
vorzubereiten und durchzuführen.

Wir gratulieren allen Geburtstagskindern herzlich und stimmen freudig
„Viel Glück und viel Segen" an.

Elke und Timo
Schuster

Zum Geburtstag

Früh schon bin ich aufgewacht,
hab' ein wenig nachgedacht:
Was mag heute denn nur sein?
Und da fiel es mir gleich ein:
Geburtstag, Geburtstag, Geburtstag
feiern wir,
und alle, die Dich lieben,
            gratulieren Dir.

Blumen, Kuchen, Lichterkranz
und dazu ein Freudentanz zeigen Dir,
wie froh wir sind,
wenn es Dir entgegenklingt:
Geburtstag, Geburtstag, Geburtstag
feiern wir,
und alle, die Dich lieben,
gratulieren Dir.

Für das neue Lebensjahr,
wünscht Dir jeder fern und nah,
alles Gute und wie heut',
stets ein Herz voll Fröhlichkeit.
Geburtstag, Geburtstag, Geburtstag
feiern wir,
und alle, die Dich lieben,
gratulieren Dir.

Liebe Eltern

Für jedes Kind ist der Geburtstag ein ganz wichtiges Ereignis. Damit dieser Tag gelingt
bedarf er einer guten Vorbereitung. Empfehlenswert ist es ab dem Kindergartenalter ein Kinderfest zu veranstalten
mit einem Erwachsenen als Helfer. Verwandte lieber an einem anderen Tag einladen,
damit man diesen und den Kindern besser gerecht werden kann. Erfahrungsgemäß werden so viele Kinder eingeladen,
wie das Geburtstagskind alt wird. Das Fest sollte nicht länger als 2 bis maximal 3 Stunden dauern.

Eine wichtige Überlegung ist die Gestaltung des Kindergeburtstages. Entweder geht man mit den Kindern
irgendwo hin z.B. auf den Spielplatz, Tier-, Märchengarten oder es wird zu Hause ein Spielenachmittag veranstaltet,
den wir Ihnen in unserem Buch anbieten. Darin sind viele Anregungen enthalten,
wie Sie ihn vorbereiten und durchführen können, um daraus für Ihre Kinderschar die richtige Auswahl zu treffen.

Gerne hilft das Geburtstagskind bei den Vorbereitungen z.B. Einladungskarten basteln,
das Zimmer schmücken, den Tisch farbenfroh decken, die Geburtstagskerzchen aufstellen,
das Tischlein richten, auf das die Geschenke kommen usw.
Natürlich muss nicht alles schon perfekt am Geburtstag gerichtet sein.
Viele der Bastelarbeiten, die wir im Buch beschrieben haben, können auch am Fest mit den Kindern
gemacht werden z.B. die Tischdekoration Schmetterlinge, Blumenlichtchen, Geburtstagszwerge.
Kinder in diesem Alter sitzen gerne beim Basteln zusammen und freuen sich über ihre gelungenen Arbeiten.

Ganz wichtig ist darauf zu achten,
dass sich bei den Spielen lebhafte und ruhige Spiele abwechseln, damit die Kinder nicht
außer Rand und Band geraten, sondern harmonisch miteinander spielen.
Auch sollte kein Kind zum Verlierer abgestempelt werden.
Schöner ist es, wenn alle Kinder immer mal wieder einen kleinen Gewinn bekommen.

Natürlich ist ein Kindergeburtstag mit viel Mühe und Aufwand verbunden.
Das vergisst man aber sehr schnell,
wenn man die strahlenden und glücklichen Kinder an solch einem Festtag erlebt.
Ist es nicht wunderschön, wenn sie beim nach Hause gehen sagen:
„Bis zum nächsten Jahr, da komme ich wieder".
Sie können sicher sein, dass sich die Kinder noch lange Zeit an diese Geburtstage zurück erinnern.

Ihr Zwergenstübchenteam

EINLADUNG GEBURTSTAGSTORTE

Material:
Bastelkarten, verschieden-
farbige Wellpappe,
Bleistift, Schere, Klebstoff,
Transparent-, Blaupapier,
Karton

Herstellung:
Die Torten- und Kerzen-
schablonen von Seite 58
überträgt man mit Hilfe von
Transparent- und Blaupapier
auf einen Karton und
schneidet sie aus. Die
Vorlagen auf Wellpappe
zeichnen, ausschneiden und
auf die Bastelkarte kleben.

Diese gibt es verschieden-
farbig im DIN A6 Format
zu kaufen.
Wer möchte kann die Torte
noch hübsch verzieren,
z.B. mit Klebesternchen,
-herzchen, -blümchen.
Für eine Überraschungstorte
werden bunte Schokolinsen
in Folie eingepackt und mit
doppelseitigem Klebeband
befestigt.
(Einladungstext Seite 11)

EINLADUNG BLUME

Material:

verschiedenfarbiges
Tonpapier,
Bleistift, Schere, Klebstoff,
Transparent-, Blaupapier,
Karton

Herstellung:

Die Blumenschablonen von
Seite 58 werden mit Hilfe von
Transparent- und Blaupapier auf
einen Karton übertragen und
ausgeschnitten. Die Vorlagen auf
Tonpapier zeichnen und
ausschneiden. Auf die große
Blütenform die mittlere,
darauf die kleine und zum
Schluss das Blüteninnere
kleben.
Der Einladungstext unserer
gebastelten Geburtstags-
karten wird jeweils auf die
Rückseite geschrieben.

Er sollte folgendes beinhalten:
Persönliche Anrede des Kindes
das eingeladen wird. Einladung
zum Geburtstag, Datum, Ort,
Anfangszeit und Ende des Festes.
Falls man die Kinder nach Hause
bringt, sollte dies vermerkt
werden. Am Schluss stehen die
Grüße des Geburtstagskindes.
Empfehlenswert ist es, die Karten
ca. zwei Wochen vor der Feier
den Geburtstagsgästen zu geben.

12

Einladung bunte Blätter

Verschiedenartige Blätter pflücken.

Ein weißes Blatt Papier etwas kleiner als DIN A6 schneiden.

Unter dieses verschiedene Blattformen legen,

mit bunten Wachsmalstiften darübermalen, so dass die

Blattstrukturen gut erkennbar sind.

Das bemalte Papier auf die Bastelkarte kleben.

EINLADUNG LUFTBALLONS

Material:

Bastelkarten, Regenbogenpapier oder verschiedenfarbiges Tonpapier, schmales Geschenkband, Kordelband oder Wollfäden, Bleistift, Schere, Klebstoff, Transparent-, Blaupapier, Karton

Herstellung:

Die Luftballon- und Schleifenschablonen von Seite 59 werden mit Hilfe von Transparent- und Blaupapier auf einen Karton übertragen und ausgeschnitten. Die Vorlagen auf Regenbogen- oder Tonpapier zeichnen und ausschneiden. Die drei Luftballons auf die Bastelkarte kleben. An diese die Geschenk-, Kordelbänder oder die Wollfäden zusammen mit dem Papierschleifchen anbringen. Die Karten kommen besonders gut zur Geltung, wenn man die Luftballons noch ausschmückt.

GIRLANDE PAPIERRINGE

Material:
verschiedenfarbiges
Tonpapier, Lineal,
Bleistift, Schere, Klebstoff

Herstellung:
Papierstreifen auf Tonpapier
zeichnen und ausschneiden.
Die Streifen können gleich
groß z.B. 15 cm lang,
1 cm breit sein oder in der
Länge variieren. Den ersten
Papierstreifen zu einem
Ring zusammenkleben.
In diesen wird der nächste
ringförmig eingehängt und
zusammengeklebt.
Nacheinander alle Streifen
verarbeiten, bis die
gewünschte Länge der
Girlande erreicht ist.

GEBURTSTAGSGIRLANDE

Material:
verschiedenfarbiges Kreppapier, Lineal, Bleistift, Schere, Klebstoff

Herstellung:
Zwei verschiedenfarbige Kreppapierrollen etwas auseinanderlegen und von jeder ein ca. 4 cm breites Band abschneiden. Die beiden Papierstreifen werden am Anfang rechtwinklig übereinander geklebt. Nun wird der Längsstreifen über den Querstreifen, danach der Querstreifen über den Längsstreifen gefaltet. Das Falten geht immer so weiter bis zum Ende beider Streifen, die dann wieder zusammengeklebt werden. Auf diese Faltweise lassen sich sehr schöne Girlanden herstellen. Empfehlenswert ist es, die Girlanden einige Zeit unter dicke Bücher zu legen, damit sie beim Aufhängen einen guten Stand haben.
(Foto S. 14)

LUFTBALLONS

Bunte Luftballons in unterschiedlichen Größen und Formen gehören zum Kindergeburtstag. Schon an der Haustüre ist es für die kleinen Gäste ein schöner Willkommensgruß, wenn viele Luftballons aufgehängt sind. Bei der Zimmerdekoration (bzw. im Freien, falls draußen gefeiert wird) sollten sie zwischen den Girlanden nicht fehlen.

Ein Zwergenstübchentipp: Für jedes Kind einen gasgefüllten Luftballon besorgen (z.B. auf dem Jahrmarkt), Adresskärtchen vorbereiten, welche die Kinder während des Festes lustig bemalen und an der Schnur ihres Luftballons befestigen. Am Ende des Geburtstages lässt man diese steigen. Vielleicht erfahren die Kinder wo sie gelandet sind.

Kreppapiergirlande

Eine Kreppapierrolle etwas auseinanderlegen und ein 10 cm breites Band abschneiden.

Diese Streifen ca. 10 cm breit fächerartig falten.

Nach dem Zusammenfalten an beiden Seiten etwa 4 cm tief einschneiden, immer im Abstand von ca. 1 cm.

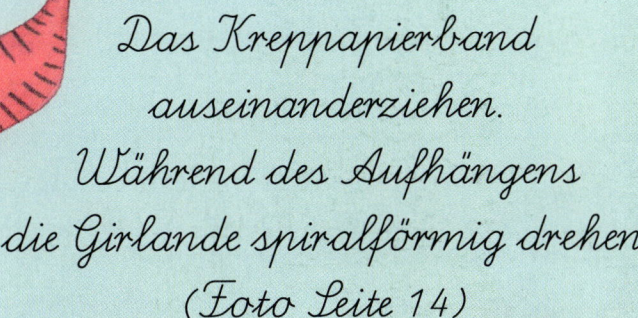

Das Kreppapierband auseinanderziehen. Während des Aufhängens die Girlande spiralförmig drehen. (Foto Seite 14)

TISCHDEKORATION SCHMETTERLINGE

Material:
Tonpapier,
Bunt-, Filz- oder
Wachsmalstifte,
Holzstäbchen,
Schokoküsse oder Obst
(z.B. kleine Äpfel,
Mandarinen),
Bleistift, Schere, Klebstoff,
Transparent-, Blaupapier,
Karton

Herstellung:
Die Namensschildchen- und
Schmetterlingsschablone von
Seite 59 überträgt man mit
Hilfe von Transparent- und
Blaupapier auf einen Karton
und schneidet sie aus.

Die Vorlagen auf Tonpapier
zeichnen und ausschneiden.
Für jedes Kind eine
Schmetterlings- Tisch-
dekoration herstellen.
Auf das Schildchen den
Namen des Kindes schreiben,
sowie den Schmetterling und
das Namensschildchen bunt
bemalen. Anschließend beide
Teile an das Holzstäbchen
kleben. Am Geburtstag vor
jedes Gedeck ein Schmetter-
lingsstäbchen stellen, welches
man vorher entweder in einen
Schokokuss, Apfel oder in
eine Mandarine gesteckt hat.

SERVIETTENRING

Material:
Bastelkarton,
Bleistift, Schere,
eine große und eine runde
Ausstecherform,
Servietten

Herstellung:
Die große Ausstecherform
auf den Bastelkarton legen,
mit dem Bleistift umranden
und ausschneiden. In die
Mitte der ausgeschnittenen
Form das runde Ausstecherförmchen legen, ebenfalls mit
dem Bleistift umranden und
ausschneiden. Die Serviette
zu einer Tüte drehen und
die vordere Spitze von hinten
etwas durch den Kreis
ziehen. Für jedes Kind einen
Serviettenring basteln und
am Fest zu dem Gedeck
stellen. Gleichzeitig kann
dieser auch als Namens-
schildchen verwendet
werden, indem man noch
den Namen des Kindes
daraufschreibt.

BLUMENLICHTCHEN

Material:

Ton-, Regenbogenpapier oder Metallfolie, Teelichtchen, Bleistift, Schere, Transparent-, Blaupapier, Karton

Herstellung:

Die Blumenschablone von Seite 60 mit Hilfe von Transparent- und Blaupapier auf einen Karton übertragen und ausschneiden. Die Vorlage auf Ton-, Regenbogenpapier oder Metallfolie zeichnen und ausschneiden. Jede Blüte zur Hälfte falten und zwar so, dass jeweils zwei Blütenblätter halbiert sind. Diese nach jedem Faltvorgang aufklappen. Nun werden immer die zwei nebeneinander liegenden Blütenblätter bis zu den Einschnitten der nächsten Blüten hochgefaltet. Auch hier nach jedem Faltvorgang wieder aufklappen. Sind alle gefaltet, werden diese nochmals in der Mitte gut zusammengepresst, damit sie hochstehen. Zum Schluss das Teelichtchen in das Blüteninnere stellen.

BLUMEN- UND HERZCHENSERVIETTE

Material:
Servietten
(dreilagig, 33 x 33 cm),
Bleistift, Schere,
Transparent-, Blaupapier,
Karton

Herstellung:
Die Blumen- und Herzchen-
schablone von Seite 60 überträgt man mit Hilfe von
Transparent- und Blaupapier
auf einen Karton und schneidet sie aus.
Die quadratische Serviette
so legen, dass alle offenen
Kanten oben und rechts sind.

Links ist die Serviette ganz
geschlossen und unten ist
nur der innere Serviettenteil
offen. Die linke obere Ecke
wird zu der rechten unteren
Ecke gefaltet, so entsteht ein
Dreieck. Die Blumen- oder
Herzchenschablone auf
dieses Dreieck legen und
den bzw. die Bögen mit
dem Bleistift umranden
und ausschneiden. Die
Serviette am Fest zu dem
Gedeck legen. Schön sieht es
auch aus, wenn man sie aus-
einander faltet und als
Platzdeckchen verwendet.

ZWERGENHERZCHEN UND TÖRTCHEN

Zutaten:

(6 Herzchen oder Törtchen)

Teig:

100 g Butter

80 g Zucker

2 Eier

$^1/_4$ Päckchen Vanillezucker

60 g Mehl

40 g Speisestärke

$^1/_2$ Teelöffel Backpulver

Glasur:

Die Törtchen beliebig glasieren z.B. weiße Schokolade, Kuvertüre, Haselnussglasur, Puderzuckerglasur (Puderzucker mit etwas Wasser zu einer streichfähigen Masse rühren)

Dekoration:

Die Törtchen beliebig verzieren z.B. bunte Zuckerstreusel, Zuckerperlen, Schokolinsen mit bunter Glasur, Walnusshälften, Haselnüsse, abgezogene, halbe Mandeln, Speisefarbe, Zuckerschrift

Herzchen- oder runde Förmchen

Zubereitung:

Aus den Teigzutaten einen Rührteig zubereiten. Zuerst die Butter schaumig rühren. Abwechselnd Zucker, Eier und Vanillezucker dazugeben und mitrühren bis es eine cremige Masse ist.

Danach das mit Speisestärke und Backpulver vermischte Mehl unter die Teigmasse rühren. Die gefetteten Förmchen zu ¾ mit der Teigmasse füllen und im vorgeheizten Backofen bei 180 Grad ca. 15 Minuten backen.

Die erkalteten Herzchen oder Törtchen glasieren und verzieren.

Eine besondere Überraschung für die Kinder sind die Namenstörtchen. Dafür backt man für jedes Kind ein Törtchen, schreibt mit Zuckerschrift den Namen darauf und legt es auf den Kuchenteller.

GEBURTSTAGSWAFFELN

Zutaten:
200 g Butter
150 g Zucker
3 Eier
1 Päckchen Vanillezucker
300 g Mehl
1 Teelöffel Backpulver
$^1/_4$ l Milch

Zubereitung:
Aus den Waffelzutaten einen
Rührteig zubereiten (siehe
Seite 22). In das vorgeheizte,
leicht eingefettete Waffeleisen
jeweils einen Schöpflöffel Teig
geben. Jede Waffel ca. 5 Min.
hellbraun backen.
Eine Variante aus diesem Teig
sind die marmorierten
Waffeln. Hierzu werden in
ein Drittel des Teiges

1 Esslöffel Kakao, $^1/_2$ Esslöffel
Zucker und etwas Milch
gerührt. In das Waffeleisen
2 Teile hellen, darauf 1 Teil
dunklen Teig geben. Mit einer
Gabel den dunklen Teig
durchziehen. Für dunkle
Waffeln rührt man in den Teig
3 Esslöffel Kakao, 1 $^1/_2$ Esslöffel
Zucker und etwas Milch.
Die Waffeln mit Puderzucker
bestäuben und den Kindern
mit Vanillesoße, heißer Schokolade oder Eis servieren.

ÜBERRASCHUNGSKUCHEN

Zutaten:
300 g Butter
250 g Zucker
5 Eier
1 Päckchen Vanillezucker
200 g Mehl
100 g Speisestärke
1 Päckchen Backpulver

Gugelhupfform
in Alufolie eingepackte
Überraschungen
Geburtstagskerzen

Zubereitung:
Aus den Teigzutaten einen Rührteig zubereiten (siehe Seite 22). Diesen in eine gefettete Gugelhupfform füllen und die zuvor in Alufolie eingepackten Überraschungen in den Teig geben. Im vorgeheizten Backofen bei 180 Grad ca. 1 Stunde backen.
Als Überraschungspäckchen eignen sich u.a. Nüsse oder beschriebene Zettelchen, auf denen z.B. Rätsel, Witze, kleine Reime, Zungenbrecher stehen. (Die Kinder auf vorsichtiges Essen hinweisen, damit sie kein Päckchen verschlucken). Den erkalteten Kuchen mit Puderzucker bestäuben und die Geburtstagskerzchen darauf stecken.

ZWERGENKUCHEN

Zutaten:

Teig:

250 g Butter

250 g Zucker

5 Eier

250 g Mehl

$^1/_2$ Teelöffel Backpulver

Belag:

verschiedenes Obst

1 Päckchen klarer Tortenguss

2 Becher süße Sahne

Zubereitung:

Die Teigzutaten zu einem Rührteig verarbeiten (siehe Seite 22). Diesen auf ein mit Back-Trennpapier ausgelegtes Backblech streichen. Im vorgeheizten Backofen bei 180 Grad ca. 20 Minuten backen. Aus dem ausgekühlten Kuchenboden schneidet man das runde Gesicht und die dreieckige Mütze. Beide Kuchenteile zusammenfügen, mit Obst belegen (s. Foto) und mit dem Tortenguss überziehen. Vor dem Servieren mit steifgeschlagener Sahne dekorieren. So lassen sich auch andere lustige Gesichter herstellen. Die Kuchenbodenreste werden als Fruchtschnitten ebenfalls mit Obst belegt und mit Sahne verziert.

GEBURTSTAGSKÜCHLEIN

Zutaten:

(für 1 Kinderbackförmchen)

50 g Butter

30 g Zucker

1 Ei

70 g Mehl

1/2 Teelöffel Backpulver

30 g klein geschnittene Schokolade

Zubereitung:

Aus den Teigzutaten einen Rührteig wie auf Seite 22 beschrieben zubereiten, zum Schluss die Schokoladenstückchen unterheben.

Die Teigmasse in ein gefettetes mit Semmelbröseln ausgestreutes Förmchen füllen und im vorgeheizten Backofen bei 180 Grad ca. 30 Minuten backen. Das erkaltete Küchlein mit Puderzucker bestäuben oder beliebig glasieren und dekorieren. Eine große Freude bereitet man dem Geburtstagskind mit diesem persönlichen, selbst gebackenen Küchlein, das zugleich ein schöner Geburtstagsbeginn ist.

KÄSEKUCHEN MIT GEBURTSTAGSZWERGEN

Zutaten:

Teig:

200 g Mehl

1 Teelöffel Backpulver

75 g Zucker

1 Päckchen Vanillezucker

1 Ei

75 g Butter

Belag:

750 g Magerquark

150 g Zucker

1 Päckchen Vanillezucker

250 ml Milch

1 Päckchen Vanille-

puddingpulver

4 Eigelb

4 Eiweiß

1 Esslöffel Zucker

Springform

Zubereitung:

Aus den Teigzutaten einen Mürbteig kneten und diesen kaltstellen. In der Zwischenzeit den Belag zubereiten. Quark, Zucker, Vanillezucker, Milch, Puddingpulver und Eigelb gut miteinander verrühren. Eiweiß mit Zucker steifschlagen und unter die Quarkmasse heben. Den Teig auf einer bemehlten Arbeitsfläche auswellen. Eine gefettete Springform damit auslegen, wobei der Teig am Rand ca. 3 cm hochgezogen wird. Die Quarkmasse auf dem Kuchenboden gleichmäßig verteilen und im vorgeheizten Backofen bei 175 Grad ca. 70 Minuten auf der unteren Schiene backen. Den Kuchen in der Form erkalten lassen.

Als Dekoration für den Geburtstagstisch wird der Käsekuchen mit den gebastelten Geburtstagszwergen bestückt. An Material benötigt man verschiedenfarbige Wellpappe, Holzstäbchen, Blei-, Filzstifte, Schere, Klebstoff, Transparent-, Blaupapier und Karton. Die Schablonen von Seite 61 (genauso wie in den anderen Bastelanleitungen beschrieben) herstellen, auf Wellpappe übertragen, ausschneiden und lt. Vorlage und Foto zu Geburtstagszwergen zusammenkleben.

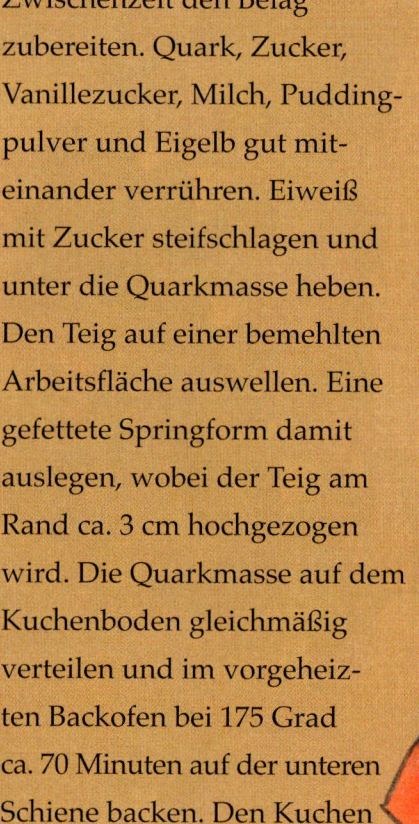

HOKUS-POKUS -ZAUBERKORB

Einige Tage vor dem Fest wird ein großer Henkelkorb mit Papierblumen, Krepppapierbändern und Schleifen geschmückt. In diesen legt man die einzelnen Gegenstände, die für die Spiele benötigt werden. Am Geburtstag ist dieser Korb der „Hokus-pokus-Zauberkorb". Der „Zauberer", der mit den Kindern spielt, zaubert aus dem mit einem Tuch abgedeckten Zauberkorb mit Hilfe des Zauberstabes und dem Zauberspruch „Hokuspokus-fidibus dreimal schwarzer Kater" zu jedem Spiel die entsprechenden Utensilien heraus. Damit man die Kinder in noch größere Spannung versetzt, werden manche Spielgegenstände zuvor in Geschenkpapier, kleine Schachteln oder Stoffsäckchen verpackt.

Beim Herauszaubern beginnt das große Raten, was da wohl drin ist. So führt der Zauberer mit dem Zauberkorb die Geburtstagskinder durch den Spielenachmittag, indem es nach jedem Spiel von Neuem heißt: „Hokuspokus-fidibus dreimal schwarzer Kater" …

Wer im Januar Geburtstag hat

Und wer im Januar Ge – burts – tag hat, tritt
Er mache im Kreis ei – nen tie – fen Knicks, recht

ein, tritt ein, tritt ein! Zwerg – lein* dreh dich!
tief, recht tief, recht tief!

Zwerg – lein dreh dich! Mach Hop – sa – sa – sa! – sa!

*Name des Kindes

Die Kinder stellen sich zum Singen im Kreis auf. Bei diesem Geburtstagslied wird jedes Kind einmal zum Geburtstagskind, indem es bei seinem Geburtsmonat in die Kreismitte tritt, einen tiefen Knicks macht und tanzt. Die anderen Kinder tanzen außen herum. Als erstes wird natürlich der Monat besungen, in welchem das Geburtstagskind geboren ist, dann kommen die Monate der einzelnen Geburtstagsgäste.

Faltkörbchen

Jedes Kind bastelt sich aus einem Bogen DIN A4-Tonpapier ein Körbchen, in welchem es die bei den Spielen gewonnenen Geschenke aufbewahrt und abends mit nach Hause nimmt. Zuerst bemalt man beide Papierseiten. Anschließend wird das Körbchen hergestellt. Die untere Längsseite auf die obere legen, falten und aufklappen. Beide Längsseiten bis zu dieser Mittellinie falten und öffnen. Die kurzen Seiten ebenso legen, nicht mehr aufmachen. Alle vier Ecken an die jeweils erste Bruchlinie falten. Die beiden überstehenden Papierstreifen über die Ecken legen. In das Körbchen hineingreifen, die Seitenwände aufrichten und alle vier Kanten gut zusammendrücken. Einen Papierstreifen schneiden, beidseitig bemalen evtl. mit Namen versehen und als Henkel an den beiden Längsseiten des Körbchens anheften. (Foto Seite 43)

RATESPIEL

TOPFSCHLAGEN

TELLERSPIEL

Kleine eingepackte Süßigkeiten

Die Kinder sitzen im Kreis. In der Mitte liegen nebeneinander einige Süßigkeiten. Ein Kind geht vor die Tür, die anderen bestimmen die zu erratende Süßigkeit. Das Kind wird hereingerufen. Es darf ein Stück nach dem anderen einsammeln und in sein Faltkörbchen legen. Sobald es an das zuvor bestimmte kommt, rufen alle Mitspieler „Halt". Das Kind muss aufhören, die Süßigkeiten werden ergänzt und das Spiel beginnt wieder.

Kochtopf, Kochlöffel, Tuch, kleine Geschenke

Einem Kind werden die Augen verbunden. Damit dieses die Orientierung verliert, dreht man es ein paar Mal im Kreis herum. In der Zwischenzeit den Topf umgedreht auf den Boden stellen und das Geschenk darunterlegen. Mit dem Kochlöffel in der Hand klopft nun das Kind mit den verbundenen

Augen auf den Boden bis es den Topf findet. Dabei können ihm die Mitspieler durch Zurufe helfen wie „kalt", wenn die Richtung vom Topf wegführt, und „heiß", wenn sie zum Topf hinführt. Sobald das Kind ihn gefunden hat, klopft es mit dem Kochlöffel darauf, nimmt das Tuch ab und holt sich das Geschenk. Wenn die Überraschung ausgepackt ist, beginnt die nächste Spielrunde.

Plastikteller

Die Kinder sitzen im Kreis. Eines ist in der Kreismitte und nimmt den Teller in die Hand. Das Kind stellt ihn mit der Kante auf den Boden, dreht diesen mit Schwung, so dass er alleine tanzt. Dabei spricht es „Teller, Teller dreh' dich" und ruft dann den Namen eines Mitspielers, welcher den Teller auffangen muss, bevor er umfällt. Gelingt es ihm, darf er den Teller drehen. Fällt er aber zu Boden, setzt sich das Kind wieder und das vorherige darf noch einmal spielen.

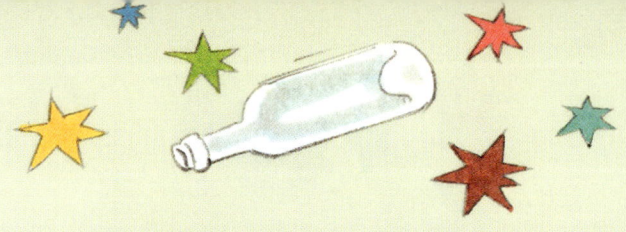

WECHSELSPIEL

Rutschsichere Unterlagen
z.B. Teppichbodenreste

Eine Unterlage weniger auf
dem Boden verteilen wie
Kinder mitspielen. Das Kind,
welches keine hat, beginnt
mit dem Spiel und ruft: „Alle
Kinder springen fort, keines
bleibt mehr an seinem Ort."
Die Spieler rennen blitz-
schnell los und versuchen
auf eine andere Unterlage zu
kommen. Natürlich bleibt
wieder ein Kind übrig,
welches zum neuen Rufer
wird.

ZEITUNGSSCHLANGE

Zeitungspapier-Doppelbögen

Jedes Kind erhält einen
Doppelbogen Zeitungspapier.
Aus diesem versucht es eine
möglichst lange Zeitungs-
schlange zu reißen. Sind alle
Kinder fertig, werden die
Papierschlangen nebenein-
andergelegt, um zu sehen,
welches die längste, zweit-
längste usw. ist.

FLASCHE DREHEN

Leere Flasche

Die Kinder sitzen im Kreis, in
der Mitte liegt eine leere
Flasche. Ein Spieler dreht die
Flasche mit einem kräftigen
Schwung und spricht dabei:
„Flasche, Flasche dreh dich,
wer soll z.B. einmal um den
Kreis herumhüpfen, ein Lied
singen oder einen Purzel-
baum schlagen." Alle warten
gespannt bis sich die Flasche
ausgedreht hat und auf wen
der Flaschenhals zeigt.
Dieses Kind führt die Aufgabe aus und darf als nächstes
die Flasche drehen.

MUSIKSCHLANGE

Musik

Die Kinder stellen sich hinter-
einander auf. Sobald die
Musik erklingt, führt das erste
Kind eine Bewegung aus
z.B. springen, schleichen, auf
einem oder beiden Beinen
hüpfen, auf allen vieren
gehen. Alle anderen Kinder
der Schlange bewegen sich
auf die gleiche Art und Weise
vorwärts. Hört die Musik
auf, geht das erste Kind an
den Schluss und das jetzt
vordere bestimmt beim
Einsetzen der Musik die
„Gangart". Das Spiel wird
so lange fortgesetzt bis alle
Kinder einmal Anführer
gewesen sind.

ICH SEH' ETWAS

Die Kinder sitzen zusammen.
Eines sagt: „Ich seh' etwas,
was du nicht siehst und das
ist …" Dieses Kind nennt
dann die Farbe eines
Gegenstandes, der sich in
Sichtweite aller Kinder befin-
det. Das große Raten beginnt.
Kommt niemand auf die
Lösung, beschreibt das Kind
das von ihm Ausgewählte
etwas näher. Wer es zuerst
errät, darf das Spiel von
Neuem beginnen.

Hoch sollst du leben

Hoch sollst du le - ben,

hoch sollst du le - ben,

drei - mal hoch, hoch, hoch.

Alle Kinder singen das Lied „Hoch sollst du leben". Bei „hoch, hoch, hoch" wird das auf dem Stuhl sitzende Geburtstagskind dreimal hochgehoben. Anschließend darf ihm jedes Kind etwas wünschen, z.B. „gesund sollst du bleiben". Jeden Glückwunsch ebenso mit den Kindern auf die gleiche Melodie singen und am Ende das Geburtstagskind immer dreimal hochleben lassen.

GEBURTSTAGSKEKSE

Zutaten:
(ca. 14 Kekse)
2 Tassen Mehl
$1/2$ Teelöffel Backpulver
$1/2$ Tasse Zucker
1 Päckchen Vanillezucker
1 Eigelb
1 Esslöffel Crème fraîche
100 g Butter

Dekoration:
z.B. bunte Zuckerperlen,
Schokolinsen mit bunter Glasur,
Fruchtgummi, Lakritze

Zum Befestigen der Dekoration:
Puderzucker mit etwas
Wasser verrühren

runde Ausstecherform 6 cm Ø
verschiedene kleine
Ausstecherförmchen

Zubereitung:
Aus den Teigzutaten einen
Mürbteig zubereiten.
Den erkalteten Teig auf
einer bemehlten Arbeitsfläche
ca. $1/2$ cm dick auswellen.
Die Kreise mit der großen
Form und die Gesichts-
verzierungen mit den
kleinen Förmchen ausstechen.

Auf ein mit Back-Trennpapier
ausgelegtes Backblech legen
und im vorgeheizten Back-
ofen bei 180 Grad ca. 15 Minuten
backen. Anschließend die
Kekse auf einem Kuchengitter
auskühlen lassen. Damit
diese zu lustigen Gesichtern
werden, verziert man sie mit
den kleinen Plätzchen und
dem o.g. Dekorationsmaterial.

Die einzelnen Teile mit
Puderzuckerglasur ankleben.
Die Gesichter können außer
mit Süßigkeiten auch mit
verschiedenen Nüssen lustig
dekoriert werden. Viel Spaß
macht es den Kindern, wenn
sie die Kekse nach ihren eigenen
Ideen verzieren dürfen.

Rätsel

38

Wer fliegt und hüpft
von Ast zu Ästchen,
fängt Mücken und Fliegen
und baut sich ein Nestchen?

Wer kann es erraten,
was ich meine? Ganz kugelrund hängt's
an der Leine. Lasst ihr es los, so fliegt es
fort, hoch in die Luft, von
Ort zu Ort. Doch drückt
ihr drauf, auf jeden
Fall zerplatzt es dann
mit lautem Knall.

Ich weiß ein
buntbemaltes Haus,
ein Tier mit Hörnern schaut heraus.
Das nimmt bei jedem Schritt und Tritt
sein Häuschen auf dem Rücken mit.
Doch rührst du an die Hörner fein,
schlüpft es geschwind ins Haus hinein.
Was für ein Tierchen mag das sein?

Wer rollt und springt,
ist kugelrund?

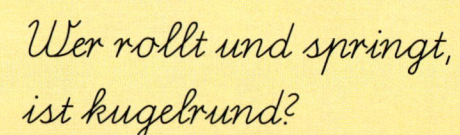

In die Höh steigt's geschwind,
hoch oben trägt's der Wind.
Gemacht wird's aus Papier,
und wer es weiß, der sagt es mir.

Er hat ein grünes Röckchen an
und musiziert, so laut er kann.
Er sitzt vergnügt an seinem Teich,
quak, quak, so tönt's entgegen euch.

Es schwimmt auf dem Wasser,
ist groß und schwer,
es geht nicht unter
und fährt über's Meer.

ABZÄHLREIME

GUMMIBERG-ZWERG

Da droben auf dem Berge,
da tanzen zwei Zwerge,
sie sind winzigklein,
und du musst es sein!

Eins, zwei, drei,
hicke, hacke, hei,
hicke, hacke, hu,
und raus bist du!

Eins, zwei, drei,
du bist frei!
Vier, fünf, sechs,
du bist weg!
Sieben, acht, neun,
du musst es sein!

Kinder legen gerne durch
lustige Abzählreime fest
wer das Spiel beginnen darf.
Die Kinder stehen im Kreis.

Eines zählt ab, indem es den
Vers spricht. Dabei zeigt es
bei jeder neuen Silbe nacheinander auf die Mitspieler
und sich selbst.

Die Kinder stehen im Kreis.
Eines geht innerhalb des
Kreises und spricht:
„Auf einem Gummi-, Gummi-
berg, da saß ein Gummi-,
Gummizwerg. Wie sah er aus?"
Dabei zeigt es bei jeder Silbe
des Verses nacheinander auf
die Mitspieler. Am Ende des
Spruches bleibt es vor dem
Kind stehen und dieses nennt

eine Farbe z.B. Rot. Das
Kreiskind geht weiter und
spricht:„Hast du auch Rot an
dir, so bitte, bitte zeig' es mir!"
Während des Sprechens zeigt
es wieder genau wie vorher
nacheinander auf die Mit-
spieler. Ist der Reim zu Ende
bleibt es vor dem Kind stehen. Dieses schaut, ob es ein
Kleidungsstück in der
gewünschten Farbe trägt.
Wenn ja, darf es als nächstes
im Kreis herumgehen und
dabei den Gummiberg-
Zwerg-Spruch sagen. Wenn
nicht, muss es ein Pfand
geben und das in der Mitte
stehende Kind darf nochmals
von Neuem das Spiel beginnen.
(Pfandeinlösen Seite 41)

PFANDEINLÖSEN

Die Kinder sitzen im Kreis und alle Pfänder liegen abgedeckt in der Kreismitte. Der Spielleiter fasst mit der Hand unter die Decke, ertastet eines der Pfänder und fragt: „Was soll das Pfand in meiner Hand, was soll dasselbe tun?" Ein Kind darf nun bestimmen, was derjenige tun soll, dem das Pfand gehört z.B. ein Lied singen, einmal um den Kreis herumhüpfen, einen Purzelbaum schlagen oder bis zehn zählen. Das Pfand wird hervorgeholt und bevor das Kind dieses zurückbekommt, muss es die gestellte Aufgabe erfüllen.

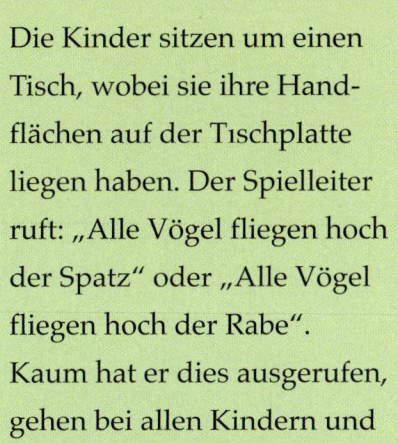

ALLE VÖGEL FLIEGEN HOCH

Die Kinder sitzen um einen Tisch, wobei sie ihre Handflächen auf der Tischplatte liegen haben. Der Spielleiter ruft: „Alle Vögel fliegen hoch der Spatz" oder „Alle Vögel fliegen hoch der Rabe". Kaum hat er dies ausgerufen, gehen bei allen Kindern und bei ihm die Arme hoch.

Natürlich will er durch seine Ausrufe die Mitspieler irreführen, indem er auch Tiere hochfliegen lässt, die nicht fliegen können z.B. „Alle Vögel fliegen hoch der Hund". Der Spielleiter hebt jedes Mal die Arme hoch. Die Kinder aber müssen aufpassen, damit sie bei einem Tier, das nicht fliegen kann, die Arme unten lassen, denn sonst heißt es Pfand abgeben. Man spielt so lange, bis sich einige Pfänder angesammelt haben. Diese werden wie oben beschrieben eingelöst.

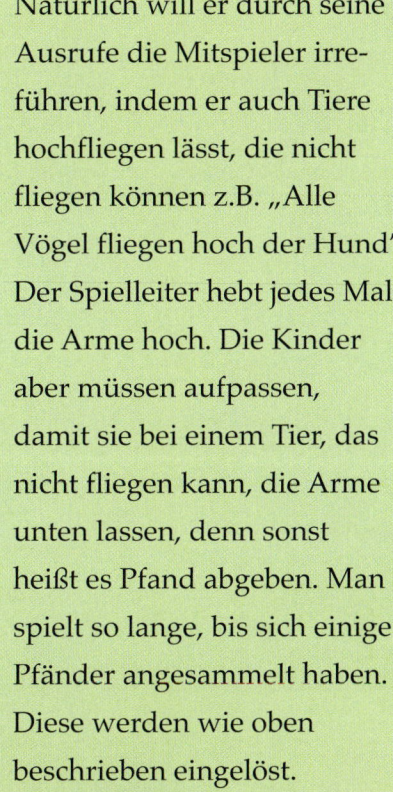

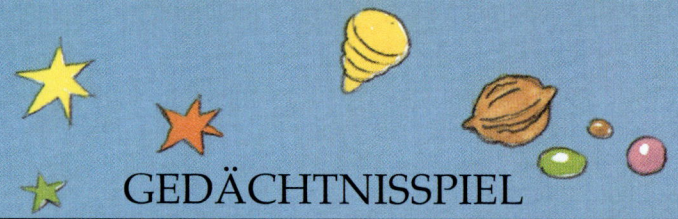

GEDÄCHTNISSPIEL

Verschiedene kleine Gegenstände z.B. Spielzeug, Tannenzapfen, Walnuss, Kieselstein, Buntstift

Die Kinder sitzen im Kreis. In der Mitte liegen in einer Reihe die verschiedenen Gegenstände. Alle schauen sich die Sachen genau an. Anschließend geht ein Kind vor die Tür und ein anderes nimmt ein Stück weg, welches es in seinen Händen hinter dem Rücken versteckt.

Das Kind wird hereingerufen und muss nun erraten, was in der Lücke fehlt. Ist es auf die Lösung gekommen, beginnt das Spiel von vorne. Hat das Kind Schwierigkeiten beim Raten hilft man ihm, indem man das Teil näher beschreibt. Je älter die Kinder sind, desto schwieriger kann der Spielablauf gestaltet werden. Es ist sehr spannend, wenn z.B. mehrere oder alle Gegenstände zu erraten sind.

DREIBEINWETTLAUF

Tücher

Die Kinder stellen sich paarweise nebeneinander in einer Reihe auf, dabei legen sie den inneren Arm um die Schulter oder Hüfte des Partners.

Jedem Paar werden nun die inneren Beine in Wadenhöhe mit einem Tuch zusammengebunden. Bei „Auf die Plätze fertig los" treten alle Dreibeiner zum Wettlauf an, indem sie so schnell wie möglich auf das zuvor bestimmte Ziel zulaufen.

ÜBERRASCHUNGSBONBON

Material:
(für ein Bonbon)
Papprolle 10 cm lang und
ca. 4,5 cm Ø
Krepp- oder Geschenkpapier
27 x 18 cm
selbstklebende Schmuck-
etiketten
2 Geschenkbänder je 35 cm
Überraschungen zum Füllen

Herstellung:
Die Überraschungen z.B.
Luftballons in die Papprolle
geben. Die Rolle in die Mitte
des Papiers legen und so
umwickeln, dass beide Enden
gleich lang überstehen. Rechts
und links der Papprolle das
Papier zusammenbinden.
Verwendet man zum Basteln
einfarbiges Papier kann es
mit Schmucketiketten verziert
werden. Am Geburtstag wird
aus dem Zauberkorb das
Überraschungsbonbon her-
ausgezaubert und jedes Kind
bekommt daraus eine Kleinig-
keit. Entweder legen die
Kinder diese in ihr Faltkörbchen oder jedes bastelt sich
dafür selbst ein Bonbon.

VERKLEIDUNGS-WETTSPIEL

2 Röcke oder 2 Hosen,
2 Pullover oder 2 Jacken,
2 Schals, 2 Hüte,
2 Regenschirme

Die Kinder stellen sich in zwei Mannschaften auf. Nach dem Startkommando zieht sich das erste Kind jeder Mannschaft die Kleidungsstücke an, spannt den Regenschirm auf, rennt so schnell es kann zu einem vorher bestimmten Ziel und wieder zurück. Bei seiner Gruppe angekommen, wird der Regenschirm zugemacht, die Kleider ausgezogen und das nächste Kind ist an der Reihe. Es wird so lange gespielt, bis alle Kinder einmal gelaufen sind. Um das Spiel noch interessanter zu gestalten, kann man einen kleinen Hindernisparcours aufbauen z.B. einige Flaschen aufstellen um die im Slalom gelaufen werden muss, auf einen Schemel steigen und herunterhüpfen, auf einen Stuhl setzen und wieder aufstehen. Bei diesem Wettspiel ist es wichtig, dass die Kleidungsstücke zu groß sind. Den Kindern bereitet es viel Vergnügen, wenn sie so lustig aussehen.

Überraschungspäckchen

1 Tafel Schokolade
Zeitungs- und Packpapier, Schnur, Würfel,
Wollmütze, Schal, Handschuhe, Messer und Gabel

Die Tafel Schokolade wird in viel Zeitungs- und Packpapier eingepackt und immer wieder gut verschnürt. Am Geburtstag überreicht man den Kindern das dicke Päckchen, welches an sie adressiert ist. Damit diese an den Inhalt kommen, wird ihnen nun das Spiel erklärt. Die Kinder würfeln reihum. Sobald eines eine Sechs hat, zieht es Mütze, Schal und Handschuhe an und versucht, mit Messer und Gabel (keine Finger zu Hilfe nehmen) das Päckchen zu öffnen. Die anderen würfeln weiter bis zur nächsten Sechs. Sofort muss das im Moment schneidende Kind aufhören und alle Utensilien an das „Sechserkind" abgeben. Wird die Schokolade beim Schneiden endlich sichtbar, geht das Spiel genauso weiter. Es darf bis zur nächsten Sechs so viel gegessen werden, was man mit der Gabel in den Mund schafft.

WURFSPIEL

1 aufgeblasener
Schwimmring
Schnur zum Aufhängen
3 kleine Bälle

Dieses Spiel eignet sich gut
für den Geburtstag im Freien.
An einem Ast befestigt man
mit einer Schnur den auf-
geblasenen Schwimmring.
Von einer markierten Stelle aus
versucht ein Kind nacheinander
die drei Bälle durch das Loch
des Schwimmringes zu wer-
fen. Nach den drei Würfen
bekommt das nächste Kind
die Bälle und das Spiel
beginnt von vorne.

ZAUBERKNÄUEL

Wollknäuel
kleine Geschenke

Eine schöne Überraschung
für die Kinder ist es, wenn
aus dem Hokus-Pokus-
Zauberkorb ein großer
Wollknäuel gezaubert wird.
Die Kinder dürfen diesen
abwickeln und zu ihrer
Freude purzeln dabei immer
wieder kleine in Geschenkpapier verpackte Päckchen
heraus. Genauso können aber
auch erst am Ende alle
Geschenke herauskommen.

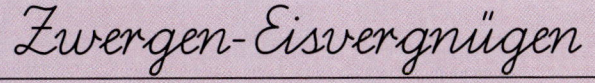

Zwergen-Eisvergnügen

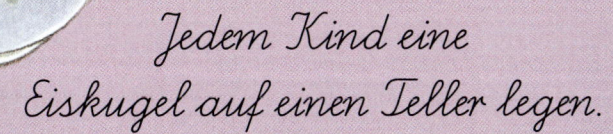

Damit sich jedes Kind
seinen Eistraum selbst
zubereiten kann, werden die
verschiedenen Dekorations-
zutaten z.B. Obststückchen,
bunte Zucker- und
Schokostreusel, Waffeln,
Kekse und gehackte Nüsse,
in kleine Schälchen gegeben.

Jedem Kind eine
Eiskugel auf einen Teller legen.

Zwergenstübchen-Eistraum

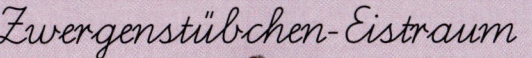

Ebenso Saucen
und Sprühsahne
bereitstellen.

ZEITUNGSTANZ

Zeitungspapier-Doppelbögen
Musik

Jedes Kind erhält einen Doppelbogen Zeitungspapier, den es ausgebreitet auf den Boden legt und sich daraufstellt. Sobald die Musik erklingt tanzen alle Kinder auf ihrer Zeitung. Diese darf nicht überschritten werden, denn sonst scheidet der Tänzer aus. Hört die Musik auf, faltet jedes Kind seine Zeitung zur Hälfte und weiter geht es mit Musik und Tanz bis zur nächsten Musikunterbrechung. Je kleiner die Tanzfläche wird, desto schwieriger ist das Tanzen. Es scheiden immer mehr Kinder aus, bis zum Schluss nur noch ein Tanzkind übrig bleibt.

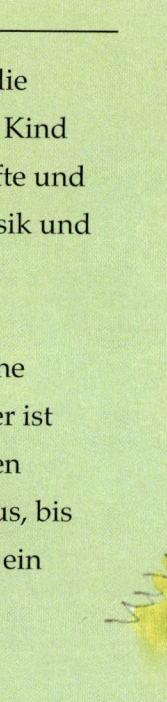

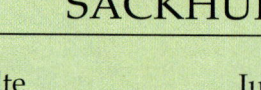

SACKHÜPFEN

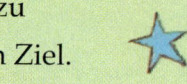

Jutesäcke oder alte Kopfkissenbezüge
evtl. Müllsäcke

Die Kinder stellen sich nebeneinander in einer Reihe auf und steigen in den Jutesack. Nach dem Startkommando hüpfen alle zu einem zuvor bestimmten Ziel. Am besten ist es mit beiden Beinen gleichzeitig zu hüpfen und dabei den Sack mit den Händen festzuhalten.

GEBURTSTAGS-ZWERGENTRUNK

Zutaten:
(für ca. 8 Kinder)
4 Kiwis
5 Bananen
50 ml Zitronensaft
$^3/_4$ l Bananensaft
$^3/_4$ l Orangensaft
$^3/_4$ l Ananassaft
$^3/_4$ l Mineralwasser

Zubereitung:
Die geschälten, gewürfelten Kiwis zusammen mit den geschälten, in Scheiben geschnittenen Bananen in ein Bowlegefäß geben. Mit dem Zitronensaft beträufeln.

Nacheinander die anderen Säfte dazugießen und zugedeckt ca. 1 Stunde kaltstellen. Vor dem Servieren mit Mineralwasser auffüllen, vorsichtig umrühren, in Gläser geben und lustig dekorieren.

Ein Dekorationsvorschlag sind die Trinkhalmblümchen. Die Blumenschablone von Seite 61 wird, wie in den anderen Bastelanleitungen beschrieben hergestellt. Diese doppelt auf Ton-, Bunt- oder Regenbogenpapier übertragen. Die Blümchen ausschneiden, den Trinkhalm zwischen die beiden Blüten legen und zusammenkleben.

FANGBECHER

Material:

(für einen Fangbecher)

Ton- oder Regenbogenpapier
ca. 20 x 20 cm

Nadel

Wollfaden ca. 50 cm lang

Holzperle oder

kleine eingepackte Süßigkeit

Herstellung:

Das Papier von einer Ecke
zur anderen falten. Die
geschlossene Seite des
Dreiecks liegt vor einem.
Die rechte Ecke wird so zur
linken Seite gefaltet, dass an
der oberen Kante eine Gerade
entsteht. Die Faltarbeit
umdrehen und genauso
wieder die rechte Ecke zur
linken Seite falten. Die überstehenden beiden Spitzen
werden nach vorne und
hinten so weit wie möglich
umgeklappt. An einer Seite
(von oben gemessen ca. 3,5 cm
tief) den Wollfaden von innen
nach außen mit einer Nadel
durchziehen. Den Faden
innen verknoten, am äußeren
Fadenende eine Holzperle
oder die Süßigkeit befestigen.
Hat jedes Kind seinen
Fangbecher gebastelt, kann
das Wettspiel beginnen. Wer
schafft es zuerst mit Schwung
seine Perle oder das kleine
Päckchen hochzuwerfen
und mit dem Becher
aufzufangen?
(Foto Seite 43)

ÜBERRASCHUNGSSPIEL

Gefüllte Schächtelchen
lange Wollfäden
Hölzchen

An einem Ende des
Wollfadens wird das kleine
mit einer Überraschung
gefüllte Schächtelchen
befestigt. Am anderen Ende
bindet man das Hölzchen
fest. Alle stellen sich nebeneinander in einer Reihe auf.
Jedes Kind bekommt ein
Hölzchen und muss nach dem
Startkommando versuchen
den Wollfaden so schnell wie
möglich aufzuwickeln, damit
es an sein Päckchen kommt.

KOFFERPACKEN

Die Kinder sitzen im Kreis.
Eines fängt an und spricht:
„Ich packe in meinen Koffer
eine Mütze." Das nächste
Kind wiederholt den Satz
und packt etwas dazu z.B.
„Ich packe in meinen Koffer
eine Mütze und ein Buch."
Je mehr Gegenstände in
der richtigen Reihenfolge
aufzuzählen sind, umso
schwieriger wird das Spiel.
Wer den „Koffer" falsch
packt scheidet aus.

LUSTIGES ESSEN

Brezeln, Partywürstchen,
Schnur

An einer langen Schnur
hängen so viele Brezeln und
Partywürstchen wie Kinder
anwesend sind. Dieses Band
wird so hoch gehalten, dass
die Kinder hüpfend und ohne
Zuhilfenahme der Hände
ihre Brezel und das
Würstchen mit dem Mund
schnappen können. Wem es
gelingt ein Stück abzubeißen
bekommt das „Geschnappte".

OBST-KÄSE-SPIESSCHEN

Zutaten:

verschiedenes Obst
z.B. Äpfel, Birnen, Bananen,
Mandarinen, Trauben
Zitronensaft
milder Käse
z.B. junger Gouda,
Butterkäse, Edamer
1 große Frucht z.B. Grapefruit,
Apfelsine oder Ananas
Holzspießchen

Zubereitung:
Äpfel, Birnen in Stückchen,
Bananen in Scheiben schneiden und mit Zitronensaft
beträufeln.

Den Käse würfeln und
abwechselnd mit dem Obst
auf kleine Holzspießchen
stecken. Zum Schluss wird
die große Frucht mit den
fertigen Spießen bestückt.
Das Ganze auf einem Teller
anrichten und rundherum
pikante Knabbereien wie
Cracker, Salzbrezeln usw.
legen.

HACKFLEISCHKÜCHLEIN

Zutaten:
(ca. 8 Küchlein)
Teig:
375 g Mehl
1 Prise Salz
125 g Butter
etwas Wasser

Füllung:
350 g Hackfleisch
1 Esslöffel Tomatenmark
$^1/_2$ feingehackte Zwiebel
$^1/_2$ feingehackte
Paprikaschote
$^1/_4$ Bund feingehackte
Petersilie
2 Esslöffel Wasser
etwas Salz und Pfeffer

Zubereitung:
Die Teigzutaten zu einem glatten Teig zusammenkneten. Diesen ca. $^1/_2$ cm dick auswellen und daraus Böden von etwa 15 cm Ø ausschneiden.

Die Zutaten der Füllung gut miteinander vermischen und auf den einzelnen Teigböden verteilen. Die Hackfleischküchlein im vorgeheizten Backofen bei 250 Grad ca. 10 Minuten backen.

GEBURTSTAGSBROT

Zutaten:

Fladenbrot

1. Variante:

Kräuterbutter

2. Variante:

Mit Butter bestreichen,
bunt belegen mit
Salatblättern, Wurst-,
Käse-, Tomaten-, Eischeiben

Zubereitung:

Das Fladenbrot im vorgeheizten Backofen bei 200 Grad
ca. 5 Minuten aufbacken.
Dieses anschließend quer
durchschneiden und beidseitig

mit Kräuterbutter bestreichen.
Die Brothälften aufeinander
legen. Danach wie eine Torte
in Stücke schneiden. Was bei
Kindern ebenfalls gut
ankommt ist die 2. Variante.
Das aufgebackene quer
durchgeschnittene Fladenbrot
beidseitig mit Butter bestreichen. Auf die eine Hälfte
werden die o. g. Zutaten
schichtweise gelegt, mit der
anderen abgedeckt.
Zum Schluss das in Stücke
geschnittene Geburtstagsbrot
den Kindern servieren.

ZWERGENPIZZA

Zutaten:
(ca. 10 Stück)
Teig:
500 g Mehl
$1/4$ l lauwarmes Wasser
1 Würfel Hefe
$1/2$ Teelöffel Zucker
1 Teelöffel Salz
3 Esslöffel Olivenöl

Belag:
Passierte Tomaten,
Kräutersalz, Pizzagewürz
nach Belieben z. B. gekochter
feingeschnittener Schinken,
dünngeschnittene
Salamischeiben, blätterig
geschnittene Pilze,
Tomatenscheiben,
Paprikastreifen,
hart gekochte in Scheiben
geschnittene Eier,
grob geriebener Hartkäse

Zubereitung:
Hefe und Zucker in Wasser
auflösen und $1/4$ Stunde
gehen lassen. Das Mehl in
eine Schüssel sieben, Öl, Salz
sowie Hefewasser dazuge-
ben. Alles zu einem glatten,
geschmeidigen Teig kneten.
Diesen zugedeckt etwa
1 Stunde gehen lassen bis er
sich verdoppelt hat. Danach
den Teig kurz durchkneten,
in 10 gleich große Stücke tei-
len, jedes rund auswellen. Die
Böden mit den passierten
Tomaten bestreichen und
würzen. Nun dürfen sich die
Kinder ans Werk machen ihre
Pizza ideenreich zu belegen.
Die fertigen Pizzaküchlein
auf ein gefettetes Backblech
legen. Im vorgeheizten
Backofen bei 240 Grad
ca. 10 Minuten backen.

PIZZA

Seite 10 Einladung Geburtstagstorte

58

Seite 11 Einladung Blume

Seite 13 Einladung Luftballons

Seite 18 Tischdekoration Schmetterlinge

59

60

Seite 20 Blumenlichtchen

Seite 21 Blumen- und Herzchenserviette

Seite 28 Geburtstagszwerge

Die erfolgreichen

Elke und Timo Schuster
Margret Hoss
Nudelzauber
64 S. / gebunden
29,7 x 21 cm
€ (D) **9,95** € (A) 10,30
ISBN 978-3-7806-2002-6

Elke und Timo Schuster
Johanna Ignjatovic
Backgeheimnisse
64 S. / gebunden
29,7 x 21 cm
€ (D) **9,95** € (A) 10,30
ISBN 978-3-7806-2000-2

Elke und Timo Schuster
Margret Hoss
Backen für Freunde
64 S. / gebunden
29,7 x 21 cm
€ (D) **9,95** € (A) 10,30
ISBN 978-3-7806-2004-0

Elke und Timo Schuster
Margret Hoss
Kartoffelkiste
64 S. / gebunden
29,7 x 21 cm
€ (D) **9,95** € (A) 10,30
ISBN 978-3-7806-2003-3

Elke und Timo Schuster
Margret Hoss
Kochen für Freunde
64 S. / gebunden
29,7 x 21 cm
€ (D) **9,95** € (A) 10,30
ISBN 978-3-7806-2005-7

Elke und Timo Schuster
Margret Hoss
Aufläufe & Co.
64 S. / gebunden
29,7 x 21 cm
€ (D) **9,95** € (A) 10,30
ISBN 978-3-7806-2001-9

Koch- und Backbücher

Elke und Timo Schuster
Margret Hoss
Torten-ABC
64 S. / gebunden
29,7 x 21 cm
€ (D) 9,95 € (A) 10,30
ISBN 978-3-7806-2014-9

Elke und Timo Schuster
Margret Hoss
Feine Waffeln - Tolle Muffins
64 S. / gebunden
29,7 x 21 cm
€ (D) 9,95 € (A) 10,30
ISBN 978-3-7806-2023-1

Elke und Timo Schuster
Margret Hoss
Reisküche
64 S. / gebunden
29,7 x 21 cm
€ (D) 9,95 € (A) 10,30
ISBN 978-3-7806-2009-5

Elke und Timo Schuster
Margret Hoss
Weihnachtsbäckerei
64 S. / gebunden
29,7 x 21 cm
€ (D) 9,95 € (A) 10,30
ISBN 978-3-7806-2006-4

Elke und Timo Schuster
Daniela Pohl
Adventskalender
48 S. / Spiralbindung
28 x 21 cm
€ (D) 14,95 € (A) 15,40
ISBN 978-3-7806-2008-8

Elke und Timo Schuster
Margret Hoss
Geburtstagsbuch
64 S. / gebunden
29,7 x 21 cm
€ (D) 9,95 € (A) 10,30
ISBN 978-3-7806-2010-1

Verantwortlich: Elke und Timo Schuster
Illustration: Margret Hoss
Fotografie: Axel Waldecker

Bibliografische Information der Deutschen Bibliothek
Die Deutsche Bibliothek verzeichnet diese Publikation in der Deutschen Nationalbibliografie; detaillierte bibliografische Daten sind im Internet über http://dnb.ddb.de abrufbar.

1. Auflage 2014
© 2014 Verlag Ernst Kaufmann, Lahr

Druck und Bindung: Himmer AG, Augsburg
ISBN 978-3-7806-2010-1

www.zwergenstuebchen-schuster.de